Bauleiter-Ausweis

Hier bitte
ein Foto
einkleben!

_____
Name

_____
Geburtstag

_____
Größe

_____
Bevorzugtes Werkzeug

Unser besonderer Dank gilt den Kindern
der Schelk-Freizeit in Unna-Hemmerde!

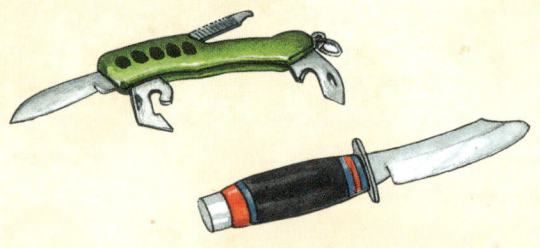

Alle Tipps und Informationen in diesem Buch
sind sorgfältig ausgewählt und geprüft.
Dennoch können weder Urheber noch Verlag
eine Garantie übernehmen. Eine Haftung für
Personen-, Sach- und Vermögensschäden
ist ausgeschlossen.

FSC
www.fsc.org

MIX
Papier aus verantwor-
tungsvollen Quellen
FSC® C020056

5 4 3 2 1   19 18 17 16 15
ISBN 978-3-649-67057-5
© 2016 Coppenrath Verlag GmbH & Co. KG,
Hafenweg 30, 48155 Münster, Germany
CH: Baumgartner Bücher AG, Centralweg 16, 8910 Affoltern a. A.
Alle Rechte vorbehalten, auch auszugsweise
Text: Barbara Wernsing
Illustrationen: Manfred Rohrbeck
Fotos: siehe Nachweis auf Seite 60
Satz und Covergestaltung: Alexander Nuißl
Redaktion: Susanne Tommes
Printed in China

www.coppenrath.de

Barbara Wernsing

50 Bauprojekte

mit Stock, Seil und Schnur

Von Baumhaus bis Tipi

Mit Illustrationen von Manfred Rohrbeck

COPPENRATH

An alle Abenteurer und Baumeister!

Wer in der Wildnis unterwegs ist, muss sich immer neuen Herausforderungen stellen: Was tun, wenn ein Unwetter droht oder die Nacht anbricht, bevor man das Basislager erreicht hat? Und wie sind tiefe Schluchten und breite Gewässer zu überwinden? Echte Abenteurer bauen sich aus Stöcken, Seilen und manchmal auch mithilfe einer Plane alles, was sie brauchen: Schutzhütten, Brücken, Strickleitern und vieles mehr.

In diesem Buch steht genau, wie's geht. Ihr erfahrt, wann Knoten Nägel und Schrauben ersetzen, welche Unterschlüpfe schnell gebaut sind und welche etwas Zeit benötigen, wie man Hindernisse aller Art überwindet und womit man sich ein gemütliches Lager einrichtet. Am Ende des Buches findet ihr Rat für den Fall, dass sich einer vom Bautrupp trotz aller Vorsicht doch einmal verletzt hat.

Jetzt aber los und auf ins nächste Abenteuer! Viel Spaß und Erfolg beim Bauen!

Inhaltsverzeichnis

Sicherheitshinweise

▶ **Festes Schuhwerk** ist immer wichtig, damit ihr auch in unwegsamem Gelände sicher laufen, klettern und balancieren könnt und euch nicht so leicht verletzt, wenn euch mal etwas auf den Fuß fällt.

▶ **Arbeitshandschuhe** schützen Hände vor Schrammen und Splittern.

▶ Eine **Schutzbrille** verhindert, dass beim Sägen Späne in die Augen fliegen.

▶ Zum **Sägen** legt ihr das Holz auf eine Unterlage und haltet es dort mit einer Hand fest. Achtet immer darauf, dass die Hände nicht in Gefahr sind, wenn die Säge mal abrutscht.

▶ Wenn ihr eine **Leiter** benutzt, stellt sie nicht zu steil auf. Rammt die Holme in die Erde, dann rutscht sie auch seitlich nicht so leicht weg.

▶ **Lasst euch von Erwachsenen helfen,** wenn es hoch hinausgeht. Lasst sie auch kontrollieren, was ihr gebaut habt, damit alles sicher ist.

Schnitzregeln

Schnitzen macht Spaß, ist aber auch gefährlich, weil man sich mit dem scharfen Schnitzmesser schneiden kann.

Die wichtigsten Schnitzregeln:
▶ Wer schnitzt, der sitzt!
▶ Immer vom Körper weg schnitzen!
▶ Die Hand, die das Holz hält, liegt immer hinter dem Messer, nie davor!

So gebraucht ihr ein Schnitzmesser:
▶ Führt das Messer genau.
▶ Beginnt direkt vor der Hand, mit der ihr das Holz festhaltet.
▶ Setzt das Messer flach an und schneidet zunächst größere Späne ab.
▶ Für den Feinschnitt drückt ihr mit dem Daumen der Hand, die das Holz festhält, auf den Messerrücken — so könnt ihr den Schnitt gut kontrollieren.

Welches Holz lässt sich gut schnitzen?
▶ Laubholz ist besser als Nadelholz.
▶ Frisches Holz ist besser als trockenes.
▶ Gut geeignet sind zum Beispiel: Birke, Linde, Schwarzerle, Wacholder und Äste vom Haselnussstrauch.

Werkzeug

Hier seht ihr Werkzeuge und Ausrüstungsgegenstände, die beim Bauen mit Stock und Seil nützlich sind.

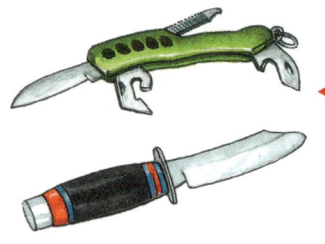

◀ Für vieles, was zu schneiden ist, könnt ihr ein **Taschenmesser** benutzen. Zum Schnitzen gibt es spezielle **Schnitzmesser**.

▶ Zum Schneiden dünner Äste braucht ihr eine **Gartenschere**. Eine **Astschere** ist eine große Schere mit zwei langen Griffen, mit der ihr auch etwas dickere Äste durchschneiden könnt.

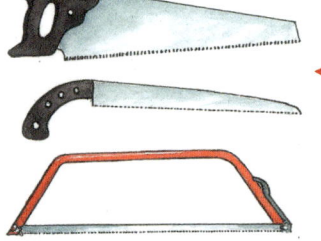

◀ Dicke Äste oder dünne Stämme bearbeitet ihr mit einer Handsäge. Dazu gehören **Fuchsschwanz, Baum-** und **Bügelsäge**.

▶ Mit einem **Fäustel** könnt ihr Pflöcke oder Pfähle in die Erde rammen.

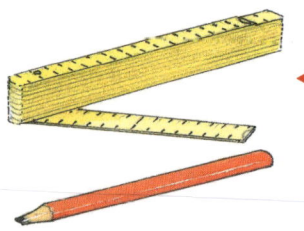

◀ Zum Abmessen braucht ihr einen **Zollstock** und zum Markieren einen **Zimmermannsbleistift**, der an rauen Steinen oder mit einem Messer angespitzt wird.

Messen

Oft muss man ganz genau messen, manchmal reicht es jedoch, eine Länge nur abzuschätzen.

Bevor ihr mit den Bauprojekten startet, könnt ihr eure Vergleichsmaße einmal mit dem Zollstock ermitteln, notieren und euch vor allem merken!

Beispiel:
Von Baum zu Baum: 6 Schritte
Schrittlänge: etwa 50 cm
Abstand der Bäume:
6 x 50 cm = 300 cm = 3 m

  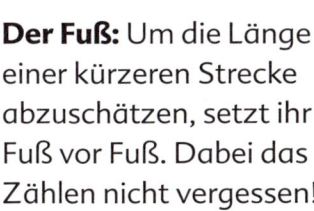 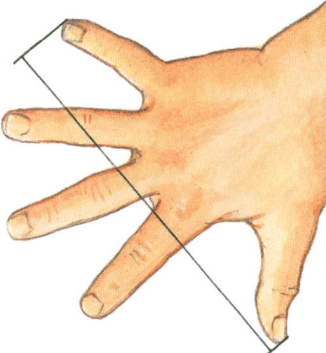

Die Schrittlänge: Geht in gerader Linie 10 lange Schritte weit. Messt die Strecke mit eurem Zollstock genau aus und teilt das Ergebnis durch 10.

Meine Schrittlänge beträgt:

[   ] cm

Der Fuß: Um die Länge einer kürzeren Strecke abzuschätzen, setzt ihr Fuß vor Fuß. Dabei das Zählen nicht vergessen!

Meine Fuß-/Schuhlänge beträgt:

[   ] cm

Die Handspanne: Damit könnt ihr prima kleinere Abstände messen. Dazu reiht ihr Handspanne an Handspanne, indem ihr die Hand abwechselnd um den Daumen und um den kleinen Finger dreht.

Meine Handspanne beträgt:

[   ] cm

Woher bekommt man Bauholz?

Mitten im Urwald fällt der Abenteurer Bäume oder schneidet Äste ab, wie er sie gerade braucht. Bei uns in den Wäldern ist das jedoch verboten. Man nimmt nur das Holz, das man auf dem Boden findet, und verbaut es auch gleich dort. Habt ihr Größeres vor, müsst ihr zuerst den Förster oder Waldbesitzer um Erlaubnis fragen.

Tipp: Geschälte Fichten- und Kiefernstangen — das sind die oberen Stammstücke von jungen Fichten oder Kiefern — sind besonders gut für kleine Bauprojekte geeignet. Fragt den Förster oder im Sägewerk nach Holz für eure Bauprojekte. Bedient euch niemals selbst beim aufgestapelten Holz am Wegesrand!

Für Bauten im Garten oder an anderen geeigneten Plätzen fragt ihr am besten im Frühjahr oder Herbst bei Baum- und Strauchschnittaktionen von Nachbarn oder der Gemeinde nach Holz.

Übrigens macht es auch viel Spaß, nach Holz zu suchen und sich einfach von den Fundstücken anregen zu lassen. Was könnte man hieraus wohl bauen?

Die Astgabel

Astgabel nennt man eine Stelle, an der ein Ast vom Baumstamm abzweigt oder sich ein Ast gabelt. Astgabeln sind für Abenteurer extrem nützlich.

Im Baum ist eine Astgabel zum Beispiel ...
- ▶ ... ein bequemer Sitzplatz,
- ▶ ... die Basis für eine Baumhaus-Plattform,
- ▶ ... eine Halterung für Seile

◀ Am Boden ist eine Astgabel eine perfekte Universal-Stütze.

Tipp: Ein angespitztes Astende lässt sich leichter in den Boden stecken.

Und nach ein bisschen Schnitzarbeit entstehen viele nützliche Dinge aus Astgabeln. Hier seht ihr einige Beispiele.

▶ Als Stiel einer **Schöpfkelle** eignet sich der abzweigende dünnere Teil der Astgabel. Der Ansatz am dickeren Astabschnitt bekommt die Vertiefung, mit der ihr später eure Suppe aus dem Kessel über dem Lagerfeuer schöpfen könnt.

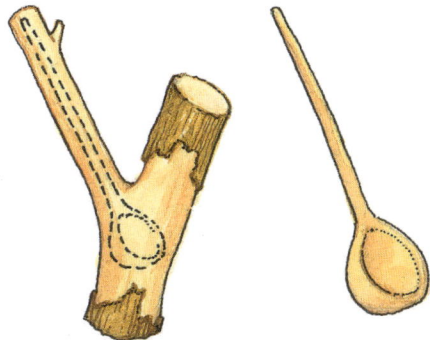

◄ Ein **Topfausgießer** ist praktisch, wenn ihr den heißen Topf, in dem ihr zum Beispiel Teewasser über dem Lagerfeuer erhitzt habt, nicht anfassen könnt.

► Auf einen **Astgabel-Grillstock** könnt ihr prima eure Grillwürstchen oder ein Fleischstück aufspießen. Wichtig: Zuerst die Rinde entfernen und die Enden anspitzen!

◄ Auch eine **Astgabel-Grillpfanne** ist sehr praktisch: Legt einen kleinen Stock quer über den V-Teil der Astgabel, sodass ein Dreieck entsteht. Dann legt ihr ein Stück Alufolie über das Dreieck und steckt die Folie am Rand fest. Ei aufschlagen, in die Pfanne geben und über der Glut braten.

Vielseitig einsetzbar ist eine **Zwille**, **Flitsche** oder **Schleuder**: Ihr könnt damit zum Beispiel Brotstückchen in einen Karpfenteich befördern, mit Papierkügelchen auf eine Pappbecher-Pyramide schießen, Modellflieger starten oder einen Wurfsack mit einer Wurfleine über einen hohen Ast katapultieren (Seite 25).

Für eine Zwille braucht ihr:

- ▶ 1 stabile, symmetrische Astgabel
- ▶ 2 kräftige Gummiringe
- ▶ 1 Stück Leder
- ▶ euer Schnitzmesser

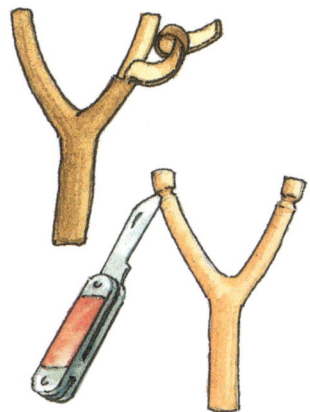

Und so wird's gemacht:

1. Schneidet eure Astgabel so zurecht, dass sowohl der Griff als auch die oberen Y-Enden 10 cm bis 15 cm lang sind, und entfernt die Rinde.
2. Schnitzt je eine Kerbe oben in die beiden Y-Teile.
3. Schneidet das Lederstück oval zu und locht es an den beiden schmalen Seiten.
4. Die Gummiringe aufschneiden und je mit einem Ankerstich rechts und links am Lederstück befestigen.
5. Das jeweils andere Ende der Gummiringe befestigt ihr mit einem Ankerstich an den Y-Enden in Höhe der Kerben. Dazu legt ihr den Gummiring entsprechend hin und schiebt dann die Y-Enden hindurch.

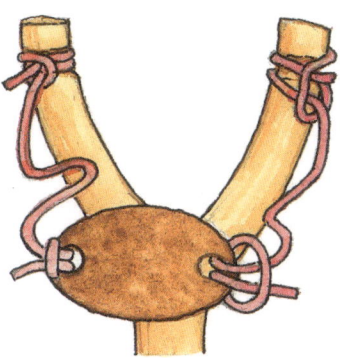

◄ **Ganz wichtig:**
Niemals auf Menschen oder Tiere schießen, da ihr sie ernsthaft verletzen könntet.

Alles Wichtige über Seile

Vor allem wenn Rundhölzer miteinander verbunden werden müssen, sind Seile besser als Schrauben oder Nägel. Zum Bauen braucht ihr Statikseile, die sich kaum dehnen. Ihr bekommt sie in Segelsportgeschäften, beim Kletterbedarf oder in Baumärkten. Man unterscheidet je nach Dicke zwischen Seil, Schnur und Leine.

▸ **Seile**, die euch tragen, sollten 10 bis 12 mm, besser noch 16 mm dick sein.
▸ **Reepschnur** ist ungefähr 4 bis 8 mm dick.
▸ **Fallschirmleine** wird auch Paracord genannt und ist 2 bis 4 mm dick.

◂ **Naturfaserseile** aus Hanf oder Sisal dehnen sich kaum und sind für alles geeignet, was unter Zug steht. Normalerweise werden sie nicht gekürzt. Aber wenn es nötig ist, schneidet ihr sie mit einem scharfen Messer durch.

▴ **Kunstfaserseile** sind sehr reißfest, dehnen sich aber, wenn sie länger unter Zug stehen. Wenn ihr sie kürzen wollt, bittet einen Erwachsenen um Hilfe. So geht's:
  1. Messer mit einem Feuerzeug erhitzen.
  2. Seil an der gewünschten Stelle zügig durchtrennen.
  3. Abstehende Fasern mit dem heißen Messer glatt streichen, damit das Seil nicht ausfranst.

So wirft man ein Seil:

So legt man ein Seil zusammen:

1. Legt das Seil in Schlaufen zusammen. Passt auf, dass es sich dabei nicht verdreht!
2. Wickelt die letzten Meter mehrmals von unten nach oben um den Bund herum.
3. Zieht eine Schlaufe aus dem Seilende von der Rückseite durch die Mitte nach vorn durch.
4. Stülpt die Schlaufe über den Bund nach hinten.
5. Zieht die Schlaufe am Seilende nach unten fest. Fertig!

Tipp: Legt eure Seile immer möglichst ordentlich zusammen, damit ihr nicht erst langwierig Knoten öffnen müsst, bevor ihr euer Seil wieder gebrauchen könnt.

Die wichtigsten Knoten

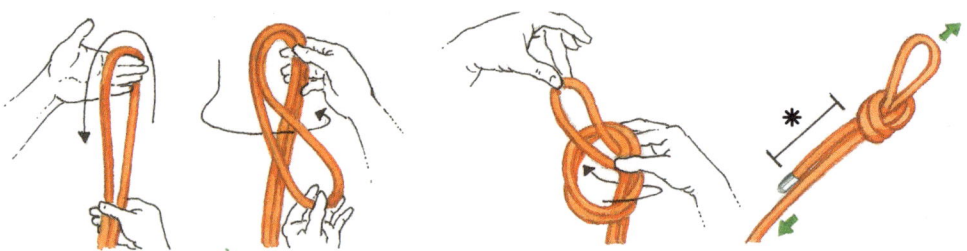

▲ **Feste Schlaufe: Sackstich**
Mit diesem Knoten könnt ihr eine Schlaufe am Ende einer Leine erzeugen. Der Sackstich zieht sich bei Belastung fest zu und ist anschließend nur noch sehr schwer zu lösen.

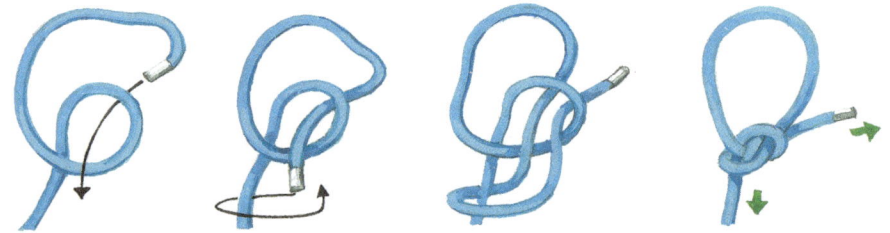

▲ **Feste Schlaufe: Pfahlstich/Palstek**
Der Pfahlstich kann fast überall eingesetzt werden, wo eine feste Schlaufe gebraucht wird, um ein Seil mit einem Gegenstand zu verbinden.

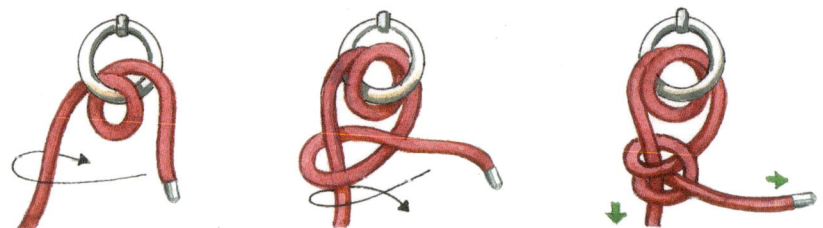

▲ **Knotensicherung: zwei halbe Schläge**
Mit einem bzw. zwei halben Schlägen sichert ihr ein freies Seilende.

▲ Seilverbindung: Kreuzknoten

Mit dem Kreuzknoten lassen sich zwei gleiche Seile verbinden. Beide Enden eines Seils müssen auf der gleichen Seite liegen!

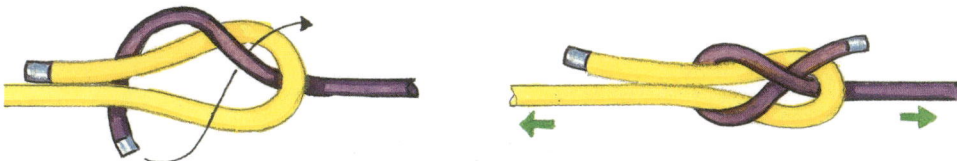

▲ Seilverbindung: Schotstek

Mit dem Schotstek kann man zwei unterschiedlich dicke Seile verbinden. Beide Enden eines Seils liegen auf der gleichen Seite!

▲ Klemmknoten: Stopperstek

Der Stopperstek klemmt sich bei Belastung zu, lockert sich bei Entlastung und kann verschoben werden.

Wichtig: Lasst nach einem Knoten immer das 10-Fache des Seildurchmessers an Seillänge rausgucken (siehe ✳)! So kann das Seilende nicht durchrutschen und der Knoten sich nicht lösen.

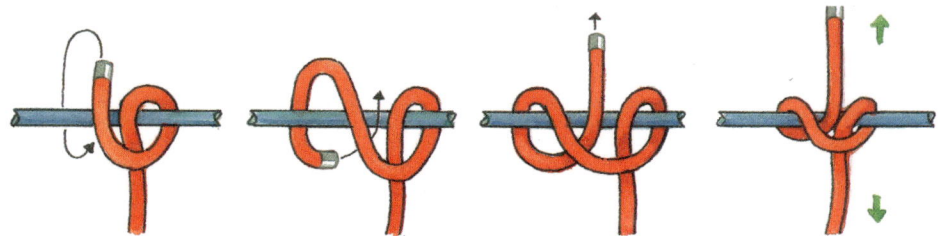

▲ **Seil-Festmacher: Webeleinstek**

Mit dem Webeleinstek könnt ihr ein Seil an einem Rundholz befestigen. Der Knoten ist leicht wieder zu lösen. Das lose Ende muss immer mit zwei halben Schlägen gesichert werden.

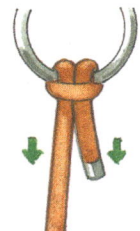

▲ **Seil-Festmacher: Ankerstich**

Der Ankerstich zieht sich selbst zu und öffnet sich leicht wieder. Er wird benötigt, wenn zum Beispiel ein Seil in einer Öse oder Schlaufe befestigt werden soll.

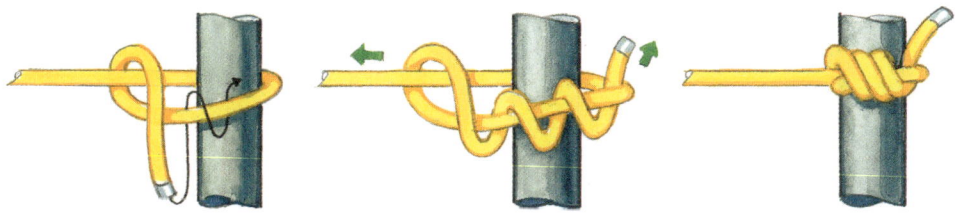

▲ **Seil-Festmacher: Zimmermannsknoten**

Mit dem Zimmermannsknoten könnt ihr beispielsweise ein Seil an einem Baum festmachen. Er lässt sich leicht wieder lösen.

▲ Stopperknoten: Achtknoten

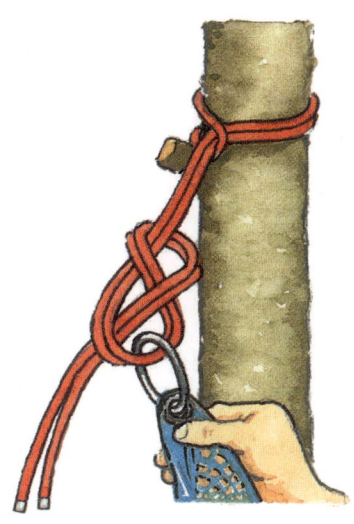

Der Achtknoten wird zum Beispiel am Ende eines Seils geknüpft, damit es nicht aus einer Öse rutscht. Der Achtknoten eignet sich besonders gut zum Aufhängen einer Hänge- matte. Dazu legt ihr ein Seil doppelt und befestigt es mit einem Ankerstich am Baum- stamm (oberhalb einer Astgabel). Dann zieht ihr die beiden Seilenden von hinten nach vorn durch die Schlaufe/Öse der Hängematte. Danach knotet ihr den Achtknoten oberhalb der Hängematten-Schlaufe/Öse mit beiden Seilenden. Zum Schluss zieht ihr ihn fest. Genauso geht es am zweiten Baum.

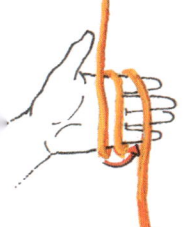 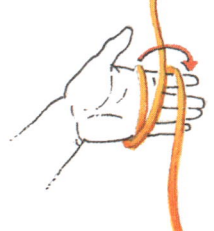 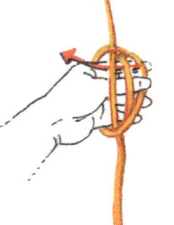 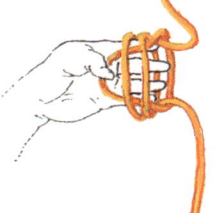 

▲ Schmetterlingsknoten

Der Schmetterlingsknoten erzeugt eine feste Schlaufe in der Mitte eines Seils. Zum Knüpfen des Knotens werden die Enden des Seils nicht gebraucht. Das ist vor allem bei langen Seilen praktisch. Den Schmetterlingsknoten braucht ihr, wenn ihr zum Beispiel bei der Seilbrücke (Seite 52 und 53) ein Seil sehr stramm spannen wollt, um darauf laufen zu können.

Das Survival-Armband

Ein Survival-Armband ist sehr praktisch, weil ihr damit immer einige Meter Schnur für den Notfall bei euch tragt.

Ihr braucht etwa 3 m Schnur mit ungefähr 3 mm Durchmesser. Schneidet die Schnur in zwei Stücke: 0,60 m und 2 bis 2,50 m.

Und so knüpft ihr euer Armband:

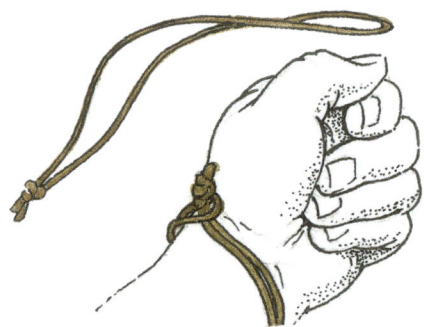

1. Das kurze Stück ist der Träger des Armbandes. Es soll locker um euer Handgelenk passen. Dazu wird die Schnur doppelt gelegt und die Enden werden in der passenden Länge mit einem Sackstich (Seite 18) verknotet.

2. Legt die Mitte des langen Schnurstücks unter die Schlaufe des Trägers und verknotet es. Die Schlaufe soll 2 cm überstehen.

3. Dann wird geknüpft. Für den ersten Teil des Knotens verläuft das linke Schnurstück über und das rechte unter dem Träger. Für den zweiten Teil des Knotens liegt das linke Schnurstück unter und das rechte über dem Träger. Beide Schritte werden nun so oft wiederholt, bis das Ende des Trägers erreicht ist.

4. Am Ende den letzten Knoten fest zuziehen, den Rest der Schnur abschneiden und die Enden über einer Kerzenflamme verschmelzen und zusammendrücken.

Sobald ihr die Schnur für wichtige Outdoor- oder Survivalzwecke braucht, schneidet ihr den verschmolzenen Knoten vorsichtig auf und wickelt die Schnur ab.

In das Armband kann auch Survival-Ausrüstung eingearbeitet werden, zum Beispiel eine Uhr, ein Kompass, eine Trillerpfeife für Notsignale und sogar eine Drahtseil-Säge oder eine Kapsel mit Angelschnur und Haken oder anderen wichtigen Kleinigkeiten.

5. Jetzt noch den Knoten, den ihr ganz am Anfang in die Trägerschnur gemacht habt, durch die Anfangsschlaufe ziehen — fertig!

Seil und Baum

Wie befestigt man ein Seil zwischen zwei Bäumen?
Viele Bauten beginnen damit, dass ihr ein Seil an einem oder zwischen zwei Bäumen befestigen müsst.

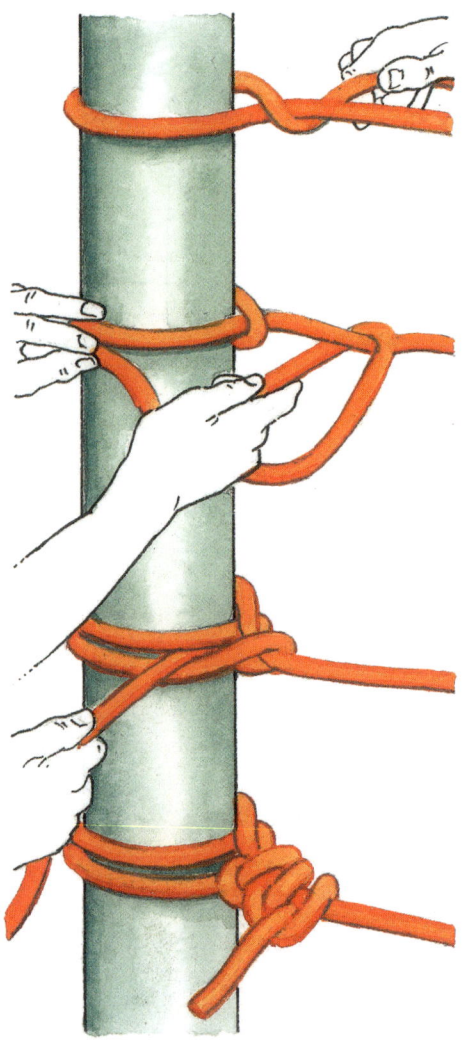

Um einen Seilanfang an einem dicken Baum zu befestigen, ist der Zimmermannsknoten (Seite 20) am besten geeignet. Er lässt sich auch nach großer Belastung leicht wieder lösen. Wichtig dabei ist, dass die Seilwicklungen ein gutes Stück am Baumstamm anliegen, bei dicken Bäumen etwa 6 bis 8 Wicklungen. Nur so klemmt sich das Seil selbst am Stamm fest. Ein einfacher Knoten am Ende des kurzen Seilstücks sichert zusätzlich gegen das Durchrutschen.

◀ Mit der Spann-Wickel-Technik könnt ihr das Seilende schnell und einfach an einem zweiten Baum befestigen (siehe Bilder).

Wichtig: Baumschutz nicht vergessen! Seile, die am Baum anliegen, müssen durch dicke Filzmatten, Decken, Isomatten oder Pappen gepolstert werden, damit sie den Baum nicht beschädigen.

Wie befestigt man ein Seil an einem waagerechten Ast?

Prüft, ob der Ast stabil genug ist, um euer Seil und das, was ihr daran hängen möchtet, zu halten. Steigt auf eine Leiter und befestigt euer Seil zum Beispiel mit einem Webeleinstek und zwei halben Schlägen oder ein doppelt gelegtes Seil mit einem Ankerstich.

Wie bekommt man ein Seil über einen hohen Ast?

Ist der Ast zu hoch für eure Leiter? Dann ist ein Wurfsack praktisch. Nehmt eine alte Socke, füllt sie mit 200 g Sand, fädelt den Sockenschaft durch einen Ring, bindet die Socke unterhalb des Rings ab und schneidet den Rest der Socke ab.

Jetzt geht's los: Befestigt den Wurfsack an einer langen, dünnen Wurfleine und werft ihn über den Ast. Dann nehmt ihr den Wurfsack ab und bindet das Hauptseil an die Wurfleine. Zieht nun an der Wurfleine, schon liegt euer Hauptseil über dem Ast.

Schutzwall, Zäune und Matten

Ein **Schutzwall** im Halbkreis um euren Lagerplatz herum ergibt einen prima Windschutz und zugleich Deckung, zum Beispiel vor neugierigen Blicken. Der Bau sollte zwischen Oktober und März stattfinden, am besten an eine Gehölzschnitt-Aktion gekoppelt. Alles, was ihr braucht, sind Astschere und Arbeitshandschuhe.

Dicke Äste gehören nach unten und in die Mitte des Walls. Dünnere Äste und Zweige liegen oben und außen. Der Wall sollte so fest sein, dass nicht alles beim nächsten Windstoß auseinanderfällt.

Bei begrenztem Platz sorgt eine Doppelreihe von senkrecht in den Boden gerammten Stangen dafür, dass der Wall nicht zu breit wird. Ihr braucht den Baum- und Strauchschnitt nur dazwischen zu stapeln.

Mit der Zeit tragen Wind und Vögel Samen in den Wall, sodass dort sogar neue Gehölze zu einer Hecke heranwachsen können.

Weniger Platz als ein Wall brauchen geflochtene **Zäune**. Dafür werden dünne Äste in der gewünschten Zaunhöhe ausgesucht und entlang des Lagerplatzes in einer Linie senkrecht in den Boden gerammt. Sie dürfen nicht zu nah beieinanderstehen. Sonst lassen sich anschließend die biegsamen Ruten, mit denen der Zaun verdichtet wird, nicht mehr so leicht vor und hinter die Stäbe klemmen. Nach jeder Reihe wird die Richtung gewechselt.

Schilf oder Bambus lassen sich gut zu leichten **Matten** verarbeiten. Ihr legt die geschnittenen und von Blättern befreiten Halme nebeneinander und flechtet sie mit einer doppelt genommenen, dünnen Schnur in mindestens drei Reihen (oben, Mitte, unten) zusammen. Fertig. Kleine Matten könnt ihr gut als Sitzunterlage benutzen. Größere Matten lassen sich prima als Sonnendach in einen Baum hängen.

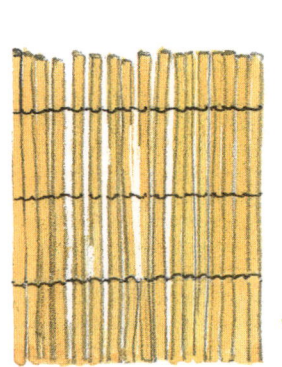

Das stabile Dreibein

Ein Dreibein besteht aus drei Stangen, die an der Spitze zusammenge-
bundenen sind. Es ist ein sehr stabiles und vielseitiges Gerüst. So kann
ein Dreibein zum Beispiel das Grundgerüst eines Tipis bilden oder einen
Kochtopf über dem Feuer halten. Selbst auf unebenem Untergrund
steht ein Dreibein, ohne zu kippeln.

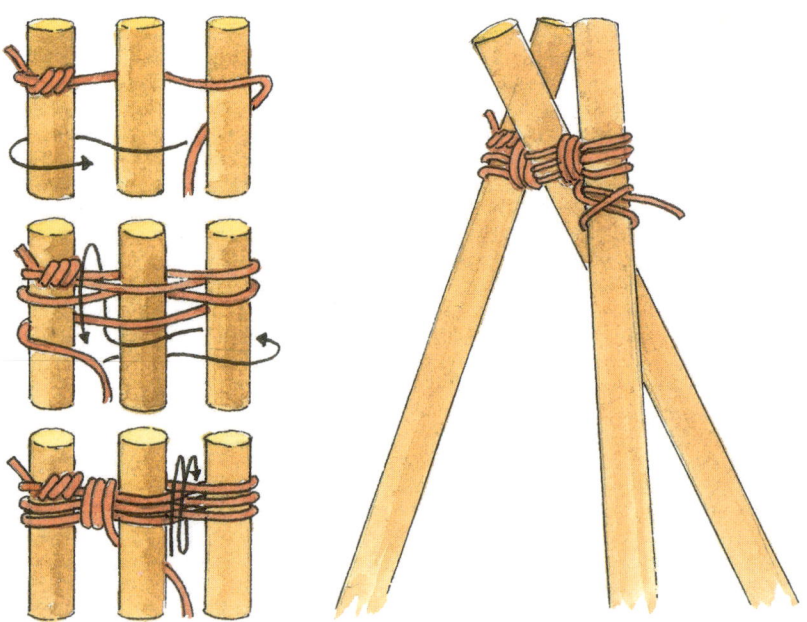

Um die drei Stangen sicher zu verbinden, eignet sich der Dreibeinbund:

1. Legt die drei Stangen nebeneinander auf den Boden.
2. Den Anfang des Seils befestigt ihr mit einem Zimmermannsknoten
   (Seite 20) an einer äußeren Stange.
3. Dann führt ihr das Seil abwechselnd über und unter den nächsten Stangen
   durch, bis das Seil an jeder Stange dreimal nebeneinanderliegt.
4. Anschließend wickelt ihr das Seil je zweimal zwischen den Stangen durch.
5. Das Seilende befestigt ihr mit einem Webeleinstek an einer der Stangen.

Die nötige Spannung wird beim Aufstellen durch das Verschränken der Holzstangen erreicht. Übrigens: Je steiler die Stangen stehen, desto mehr Last kann ein Dreibein tragen. Stellt ihr das Dreibein dagegen „breitbeinig" auf, ist es stabiler gegen seitliche Kräfte, etwa Wind. Ihr müsst entscheiden, was für euer Vorhaben wichtiger ist.

Hier seht ihr verschiedene Verwendungsmöglichkeiten für ein Dreibein. Holt euch Anregungen für euer erstes Dreibein-Bauprojekt!

Tisch, Bank und Hocker

Garantiert gute Stimmung herrscht, wenn Abenteurer sich ihr Essen schmecken lassen können, ohne einen nassen Popo zu bekommen. Ein Esstisch und Stühle oder Bänke sind daher wichtige Einrichtungsgegenstände für ein gemütliches Lager. Hier seht ihr ein paar Beispiele:

Ein liegender Baumstamm ist die Bank, aufrecht aufgestellte Stammabschnitte dienen als Tisch und Hocker.

Zwei Dreibeine sind die Grundlage für diese Kombination aus einem Tisch und zwei Bänken. Prima: das Sonnensegel darüber.

Auch eine Knüppelbank ist schnell gebaut. Wichtig sind die senkrechten Äste vorn und die Bäume hinten, damit Stämme und Äste nicht wegrollen können.

Zwei dicke Stämme und darüber mehrere dicke Äste, mit Schnur verbunden, ergeben ebenfalls eine stabile Bank. Hauptsache, die Lehne hält!

Die Astschaukel

Für eine Doppel-Astschaukel braucht ihr einen etwa 1 bis 1,2 m langen, sehr stabilen Ast und zwei dicke Bäume mit mindestens 2 m Abstand. Zwischen den Bäumen wird in etwa 2,5 m Höhe ein Statikseil (10 bis 12 mm im Durchmesser) befestigt und gespannt (Seite 53).

An dieses Tragseil werden drei ca. 3 m lange Seile im Abstand von etwa 50 cm mit einem Webeleinstek festgeknotet. Kurze Seilenden mit zwei halben Schlägen sichern! Anschließend wird der Schaukelast aufgehängt. Dazu werden die drei Seile im Abstand von 40 cm mit einem Stopperstek an den Ast geknotet. Seilenden mit zwei halben Schlägen sichern!

Die Schaukel sollte 40 bis 60 cm Abstand vom Boden haben. Eventuell muss nach einer Weile der Schaukelast höher geknotet oder das Tragseil nachgespannt werden.

Das Lagerfeuer

Wenn es am Abend kühler und dunkel wird, ist es schön, am Lagerfeuer zu sitzen. Aber Feuermachen ist gefährlich! Deshalb dürft ihr nur gemeinsam mit Erwachsenen ein Feuer entfachen. Ein Eimer mit Löschwasser muss immer bereitstehen! Haltet genügend Abstand von allem Brennbaren und begrenzt eure Feuerstelle mit einem Kreis aus Steinen.

Für ein Lagerfeuer braucht ihr Zunder (Papier, trockene Hälmchen) zum Anzünden, dünne Zweige zur Hitzeentwicklung und dicke Äste, um Glut zum Kochen und Wärmen zu erzeugen. Schichtet Zweige und Äste in Pyramidenform auf. Die stärkeren Hölzer werden auf der dem Wind abgewandten Seite angelehnt. An der Windseite lasst ihr die Öffnung zum Anzünden frei. So werden die Flammen gleich in den Holzstoß gedrückt.

Ist ordentlich Glut vorhanden, kommen die geschnitzten Gabeln und Grillstöcke zum Einsatz. Oder ihr stellt euer Dreibein (Seite 28 und 29) auf und hängt einen Topf mit Suppe über das Feuer.

Ganz wichtig: Bevor ihr eure Feuerstelle verlasst, müssen das Feuer und die Glut mit Wasser gelöscht und mit Sand erstickt werden!

Hängematten

Um euch am Lagerplatz auszuruhen, ist eine Hängematte ideal. Die Liegefläche sollte etwa 40 bis 50 cm über dem Boden hängen. Das schützt euch vor gefährlichen Bodentieren, Schmutz und Feuchtigkeit von unten.

Die Bettlaken-Hängematte

Für eine einfache und bequeme Liegemöglichkeit braucht ihr nur eine lange Decke oder ein Bettlaken und zwei lange, starke Seile.

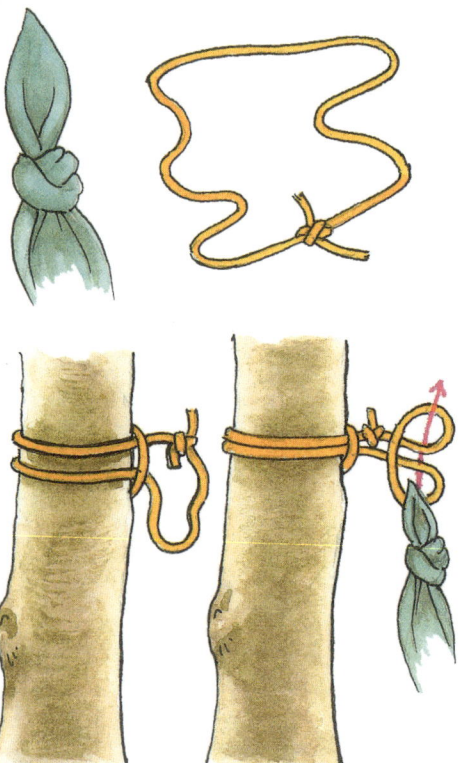

Und so wird's gemacht:

1. Knüpft die beiden kurzen Seiten der Decke oder des Lakens jeweils zu einem dicken Knoten. Achtet darauf, dass er sich nicht löst, wenn ihr daran zieht.
2. Verknotet das erste Seil zu einer großen Schlaufe.
3. Legt die Schlaufe um den ersten Baum und zieht das Ende der Schlaufe durch.
4. Legt das Schlaufenende doppelt und steckt den Lakenknoten durch die Öffnung, wie die Bilder es zeigen.
5. Mit dem zweiten Lakenende und dem zweiten Baum verfahrt ihr genauso.

Die Stock-Hängematte

Da der Bau im Großen sehr aufwendig und (gewichtsmäßig) schwer ist, baut ihr am besten erst einmal mit kleinen Ästen eine Hängematte für euren Hamster, eure Mäuse oder Streifenhörnchen.

Ihr braucht:
▶ 20 Stöcke, etwa 10 cm lang, 1 cm dick
▶ 18 Holzstücke, 1 bis 2 cm lang
▶ 3 Stücke dünne Schnur, jeweils ca. 50 cm lang

Und so wird's gemacht:
1. Durch beide Stock-Enden wird jeweils ein kleines Loch gebohrt. Die kurzen Holzstücke sind die Abstandshalter. Sie werden ebenfalls durchbohrt.
2. Alle Stöcke werden so auf dem Boden ausgelegt, wie das Bild es zeigt.
3. Die erste Schnur wird durch die Bohrlöcher in der Mitte gefädelt. Außen wird zwischen zwei Stöcken jeweils ein kleines Holzstück mit aufgefädelt.
4. Nach dem Fädeln werden die Stöcke in die Mitte der Schnüre geschoben. Jedes Schnurstück wird direkt hinter dem letzten Stock verknotet.
5. Zum Schluss bindet ihr die drei Schnur-Enden auf jeder Seite mittig zusammen.

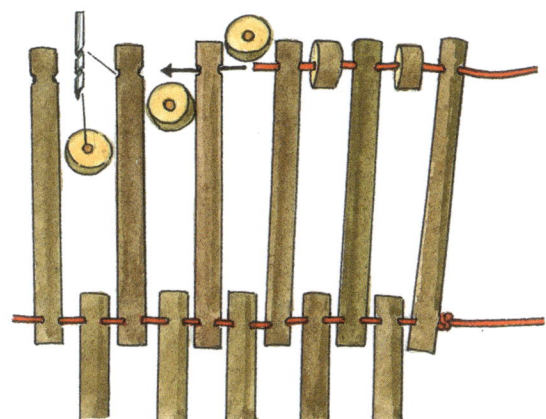

Hütten aus Stöcken

Aus herumliegenden Ästen und Zweigen lassen sich ganz verschiedene Hütten bauen. Weil dafür nur Materialien aus der Natur verwendet werden, könnt ihr die Hütten einfach stehen lassen. Als Bauplatz ist ein trockener ebener Untergrund ideal.

Die Ein-Mann-Laubhütte
Du bist allein im Wald und möchtest einen Unterschlupf bauen? Dann ist die Ein-Mann-Laubhütte für dich genau richtig.
1. Suche zwei ca. 1,20 m lange Äste mit stabilen Astgabeln. Stelle sie schräg und mit verschränkten Astgabeln auf, indem du die Enden in die Erde bohrst, und lege einen langen, geraden Ast darauf ab, der ein gutes Stück länger ist als du.
2. Belege das Gerüst seitlich eng mit schräg gestellten Ästen — Öffnung vorn schulterbreit — und decke es zuletzt mit einer dicken Schicht aus trockenem Laub ab.
3. Isoliere die Liegefläche gegen Bodenkälte mit trockenem Laub und Gras oder mit einer Iso-Matte.

Gruppenhütten für mehrere Abenteurer

▲ Ordnet lange Äste rund um einen Baumstamm herum an. Jeder zweite Ast etwas weiter außen. Schlagt Pflöcke in die Zwischenräume. Dann werden viele Äste rundum auf dem Gerüst ablegt.

▲ Verankert einen langen Ast waagerecht in den Astgabeln von zwei benachbarten Bäumen, lehnt einseitig lange Äste daran und verdichtet die Konstruktion mit kleinen Zweigen, Moos und Laub.

Oder ihr baut Wände aus senkrecht in den Boden gesteckten Ästen zwischen vier Bäumen und ein Dach aus Ästen und kleinen Zweigen.

Tipp: Eingang immer nach Osten, damit morgens die wärmende Sonne in die Hütte fällt!

Die Weiden-Rundhütte

Eine Weiden-Rundhütte ist nicht für den schnellen Gebrauch gedacht. Denn der Bau ist etwas aufwendiger, das Wachsen und die Begrünung dauern mindestens einen Sommer lang. Dafür hält eine solche Hütte aber auch viele Jahre und wird bei guter Pflege immer größer, schöner und dichter.

Baumaterial beschaffen

Weidenbauwerke errichtet ihr im frühen Frühjahr. Denn dann werden die Weidenbäume geschnitten. Erkundigt euch im Rathaus oder beim örtlichen Naturschutzverein nach den Terminen und fragt, ob ihr Schnittgut bekommen könnt. Frische Ruten solltet ihr sofort pflanzen, bevor sie austrocknen.

Grundriss

Bindet eine etwa 1 m lange Schnur an einen Pflock in der Mitte eures Bauplatzes. Am anderen Schnurende befestigt ihr einen kurzen Stock und zieht mit ihm bei gespannter Schnur einen Kreis um die Mitte.

Ruten pflanzen

Entlang dieser Markierung hebt ihr etwa 40 cm tiefe Löcher aus und steckt die Weidenruten hinein. Wie viele Löcher ihr grabt, hängt davon ab, wie viele Ruten ihr habt. Dickere Ruten brauchen 80 cm Abstand, dünnere nur 20 cm. Dann die Löcher wieder mit Erde füllen. Feststampfen und wässern nicht vergessen. Wichtig: Eine genügend große Lücke für den Eingang freilassen.

Kuppel schließen

Biegt die langen Ruten vorsichtig zur Mitte und bindet sie oben zusammen. Zur Versteifung des Bauwerks könnt ihr dünnere Ruten waagerecht einflechten.

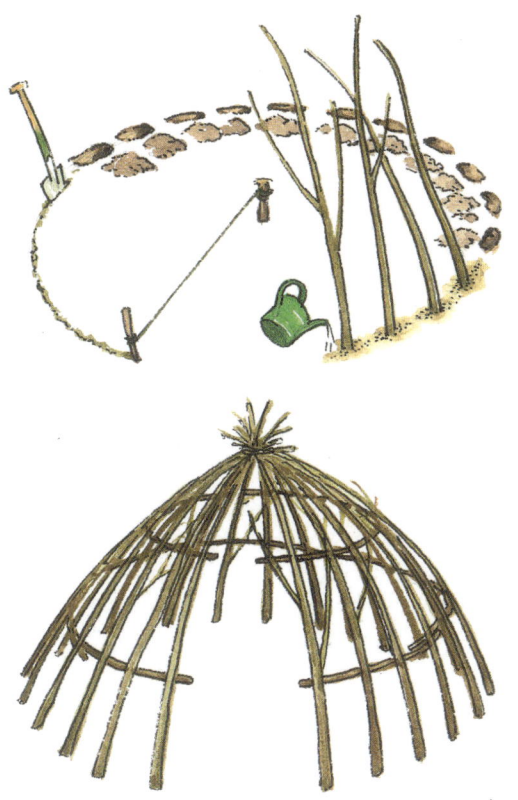

Wenn die Hütte nicht regelmäßig beschnitten wird, sieht sie nach ein paar Jahren wie ein großer Busch aus — ein ideales Geheimversteck!

Reste verwerten

Aus dünnen biegsamen Ruten könnt ihr schnell noch einen kleinen Korb flechten:

1. Verwindet eine besonders lange dünne Weidenrute zu einem doppelten Ring.
2. Schiebt mehrere Ruten leicht gebogen quer durch die Mitte und steckt sie im Ring fest.
3. Webt von der Seite viele kurze Rutenstücke ein, bis euer Körbchen fertig ist.

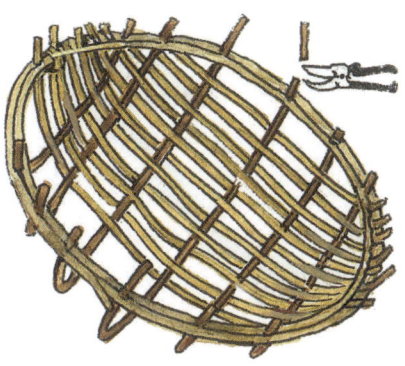

Tricks und Kniffe für Zeltbauer

Wie hängt man ein Planen-Dach auf?

Sucht einen kleinen runden Kieselstein und drückt ihn von innen gegen die Plane. Dann legt ihr von außen eine Schlaufe um den Stein und zieht sie fest zu. So könnt ihr das Zeltdach an der Schnur nach oben ziehen. Werft ihr die Schnur über einen Ast oder ein Seil und spannt sie, ist das Dach in der Mitte aufgehängt. Jetzt nur noch die Ecken zur Seite abspannen.

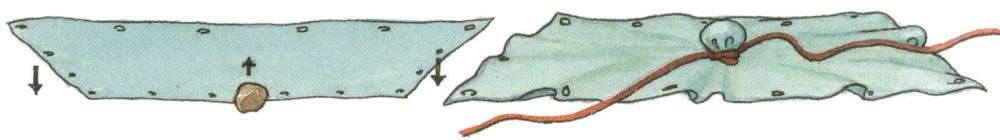

Wie spannt man Abspannleinen?

Abspannleinen werden zum Beispiel mit einem Ankerstich an den Ösen der Plane befestigt. Knüpft jeweils mit dem losen Leinenende einen Stopperstek (Seite 19) um das feste Ende, sodass eine Schlinge entsteht. Zum Spannen der Leine legt ihr die Schlinge um einen geeigneten Ast oder einen Hering und verschiebt den Knoten gegen die Zugrichtung, also zur Plane hin.

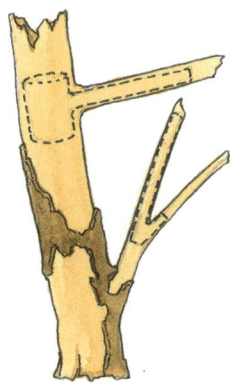

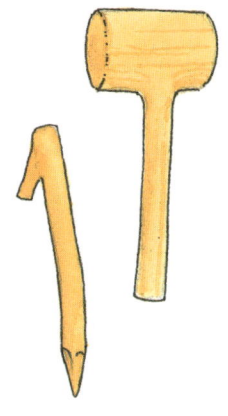

Einen Hammer herstellen

Zum Einschlagen der Heringe
könnt ihr euch aus einer geeignet
geformten Astgabel einen Ham-
mer anfertigen. Ein dicker Astabschnitt wird der Hammerkopf, und
der dünne Ast, der fast im rechten
Winkel abzweigt, wird der Griff.

Heringe schnitzen

Heringe gehen schnell verloren.
Aus einer kleinen Astgabel könnt
ihr euch jedoch Ersatz schnitzen.
Das längere Ende wird angespitzt,
um es leichter in den Boden zu bekommen. In das kürzere Ende wird
später die Leine eingehakt.

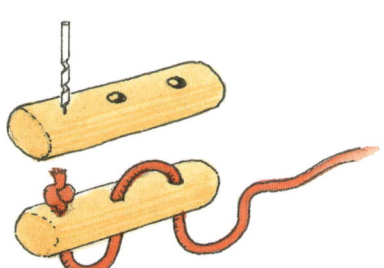

Zeltleinenspanner oder „Dogbone" anfertigen

Mit einem Leinenspanner bringt ihr die Zeltleine auf Spannung. Dafür
schnitzt ihr euch ein kleines, längliches Stück Holz zurecht, in das ihr
drei Löcher bohrt. Fädelt eure Leine hindurch und knüpft am Ende einen
Knoten. Zum Schluss hakt ihr die Leine am Hering ein und schiebt den
Spanner in Richtung Zelt.

Das kleine Zelt

Dieses kleine Zelt ist mit etwas Übung in fünf Minuten aufgestellt und bietet Platz für ein bis zwei Personen.

Ihr braucht:
- ▶ 1 rechteckige Plane (maximal 3 x 4 m)
- ▶ 1 Stock (80 cm lang)
- ▶ Abspannleine (mindestens 1,5 m)
- ▶ 5 Heringe (selbst geschnitzte selbstverständlich)

Richtet das Zelt so aus, dass der Wind nicht hineinweht.

Und so geht´s:
1. Legt eure Plane an den vorgesehenen Zeltplatz.
2. An der hinteren Seite befestigt ihr die beiden Ösen links und rechts der Mitte mit zwei Heringen am Boden. Die überstehenden Ecken schlagt ihr nach innen um.
3. Dann spannt ihr die vordere Mitte der Plane mithilfe von Stock, Leine und Hering in die entgegengesetzte Richtung ab.
4. Nun braucht ihr nur noch die beiden vorderen Ecken der Plane nach links und rechts abzuspannen und fertig ist das kleine Zelt.

Das Indianer-Tipi

Sehr viel größer als das kleine Zelt ist ein Tipi, das auch Platz für mehrere Abenteurer bietet. Lange, schlanke Fichtenstangen eignen sich dafür besonders gut. Sie sollten etwa um ein Drittel länger als der Durchmesser des Tipis sein.

Und so wird's gemacht:

1. Markiert einen Kreis mit dem gewünschten Zelt-Durchmesser und probiert aus, ob ihr alle darin Platz habt.
2. Dann stellt ihr ein Dreibein-Gerüst (Seite 28) auf den Grundkreis.
3. Anschließend werden weitere Stangen in der oberen Gabelung angelegt. Lücke für den Eingang nicht vergessen!
4. Dann wickelt ihr ein Seil von außen mindestens dreimal um die engste Stelle des Gerüsts, um die Stangen vor dem Verrutschen zu sichern.
5. Zuletzt spannt ihr eine große Plane um das Gerüst.

Die Dreiecksleiter

Wer hoch hinauswill, braucht eine Leiter, zum Beispiel die kleine Dreiecksleiter. Dafür müsst ihr zwei Seilverbindungen kennen: den Parallelbund und den Kreuzbund.

Zuerst bindet ihr die beiden langen Seitenteile (Holme) an der Spitze mit dem Parallelbund zusammen.

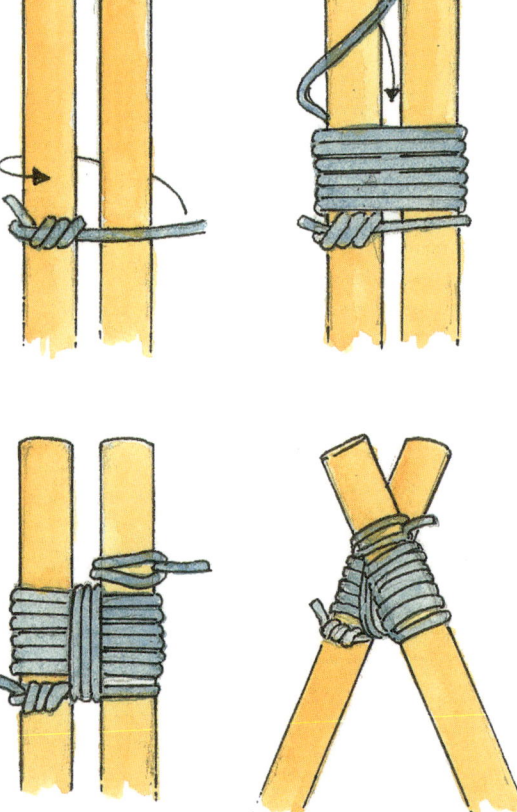

Der Parallelbund:

1. Legt beide Stangen nebeneinander auf den Boden.
2. Bindet die Stangen mit einem Zimmermannsknoten zusammen.
3. Dann wird das Seil mindestens dreimal eng um beide Stangen gelegt und stramm gezogen.
4. Anschließend zieht ihr das Seil noch mindestens zweimal zwischen den Stangen durch.
5. Den Abschluss des Parallelbundes bildet ein Webeleinstek.
6. Beim Aufstellen und Spreizen der Stangen spannt sich der Bund selbst.

Tipp: Spitzt die Holme unten leicht an, dann stehen sie sicherer im Boden.

Dann sind die Sprossen an der Reihe. Sie sollten 4 cm dick sein und mit höchstens 30 cm Abstand voneinander angebracht werden. Befestigt werden sie mit dem Kreuzbund.

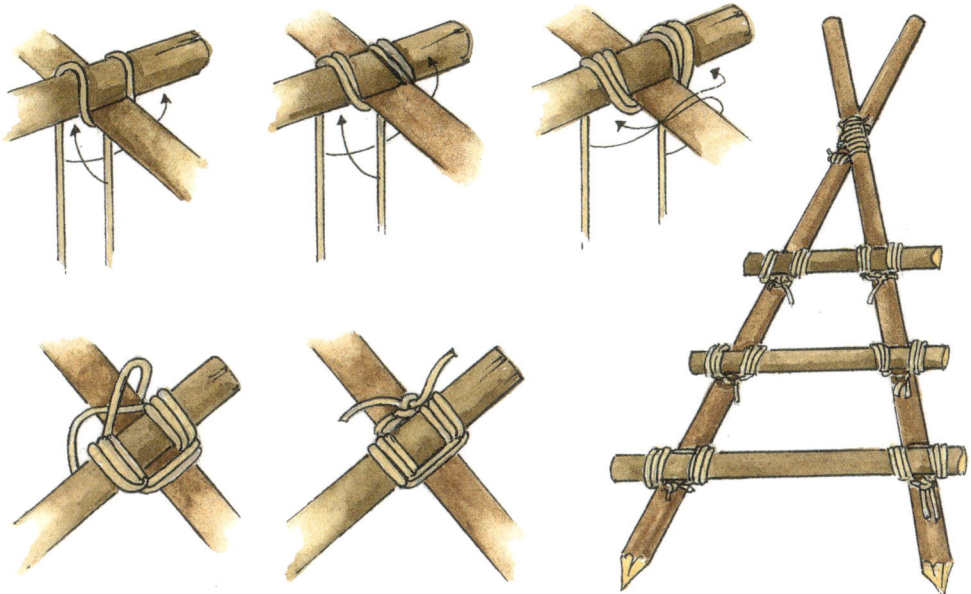

Der japanische Kreuzbund:
1. Legt Sprossen und Holme über Kreuz und die Mitte des Seils unter das untere Holz.
2. Dann führt ihr die beiden Seilenden gleichzeitig über das obere Holz und auf der „Rückseite" wieder nach unten.
3. Dort kreuzt ihr die Seilenden und legt sie auf der „Vorderseite" wieder nach oben.
4. Ein Bund sollte drei Lagen haben. Achtet darauf, dass die Seilwindungen nebeneinanderliegen und straff angezogen sind.
5. Zum Spannen wickelt ihr das Seil noch zweimal zwischen den Hölzern um die Seilverbindung herum.
6. Am Ende verbindet ihr die beiden Seilenden mit einem Kreuzknoten.

Ein Baumhaus bauen

Wäre es nicht toll, ein eigenes Baumhaus zu besitzen? Hier steht alles, was ihr wissen müsst.

Der richtige Baum
Das Allerwichtigste ist, einen geeigneten Baum zu finden. Der Stamm sollte einen Durchmesser von gut 40 cm haben. Aber auch eine Gruppe von Bäumen, die eng beieinanderstehen, kann das Grundgerüst deines Baumhauses tragen. Starke, gesunde Äste an einer möglichst breiten Astgabelung in nicht zu großer Höhe sind ideal.

Die Baugenehmigung
Auch ein kleines Baumhaus braucht eine Baugenehmigung — zumindest von dem Eigentümer des Baumes. Also in jedem Fall erst eine Erlaubnis einholen.

Die Plattform
Den Anfang macht ein Rahmen aus Ästen oder Rundhölzern mit einem Durchmesser von 15 cm. Dieser Rahmen wird so im Baum verankert, dass eine möglichst waagerechte Fläche entsteht. Ist das gelungen, befestigt ihr quer zu den oberen beiden Hölzern des Rahmens im Abstand von etwa 35 cm weitere stabile Hölzer. Diese Konstruktion trägt später die Bodendielen.

Die Sicherheit
Beim Baumhausbau solltet ihr unbedingt auf Stabilität und Sicherheit achten. Alte, morsche Bretter und Balken haben beim Bau der tragenden Elemente nichts zu suchen. Lasst euch auf jeden Fall von Erwachsenen helfen.

Die Befestigung

Bei der Befestigung am Baum werden ausschließlich Seile und Gurte eingesetzt. Um den Baum so wenig wie möglich zu beschädigen, werden außerdem alle Berührungspunkte gepolstert. Ideale Bäume mit genügend Auflageflächen sind selten. Deshalb können einzelne tragende Teile auch mithilfe von Seilen im Baum aufgehängt oder durch Balken von unten gestützt werden.

Der Aufbau

Ob ihr auf der Plattform eine feste Bretterbude errichtet, nur ein luftiges Dach darüber konstruiert oder eine Behausung aus Decken und Planen baut, bleibt euch überlassen. Ein Geländer, das vor Abstürzen schützt, ist aber in jedem Fall sinnvoll.

Die Strickleiter

Dafür braucht ihr:
▶ 1 sehr langes Seil, Durchmesser: 10 mm, Länge: etwa fünfmal so lang wie die Strickleiter
▶ 4 Sprossen (Äste) pro Meter deiner Leiter, Durchmesser: 3,5 bis 4 cm, Länge: 40 bis 45 cm

Und so wird's gemacht:
1. Legt das Seil doppelt und beide Hälften parallel auf den Boden.
2. Befestigt die Sprossen mit Flaschenknoten. Die lassen sich leicht verschieben, sodass ihr die Sprossen rechts und links auf die gleiche Höhe bringen könnt.

So wird der Flaschenknoten geknüpft:

Wichtig: Die kleine Schlinge muss unten liegen! Denn der Knoten ist nur in eine Richtung belastbar.

Und so könnt ihr die Strickleiter am Ast aufhängen:

   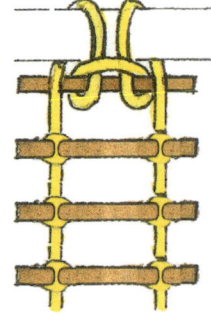

Ein Netz für den Lasten-Aufzug

In einem selbst geknüpften Netz könnt ihr eure Baumhaus-Ausstattung, zum Beispiel Decken und Kissen, nach oben befördern.

Ihr braucht:
▶ 8 Schnüre, Länge: jeweils 2 m
▶ 1 Zugschnur, Länge: 1 m

Und so geht's:
1. Knotet jeweils vier und vier Schnüre genau in der Mitte zusammen.
2. Legt die 16 Enden wie ein Spinnennetz auseinander.
3. Von der Mitte aus nehmt ihr nun immer zwei benachbarte Schnüre und knotet sie mit einem einfachen Überhandknoten zusammen.
4. In den folgenden Runden knotet ihr versetzt zwei benachbarte Schnüre zusammen. Die Abstände der Knotenreihen sollen in jeder Runde größer werden.
5. Am Ende knüpft ihr die Knoten der letzten Reihe dicht über den Knoten der vorigen, also nicht versetzt.
6. Jetzt nur noch die Zugschnur durch die letzten Maschen fädeln und abschneiden, was übersteht.

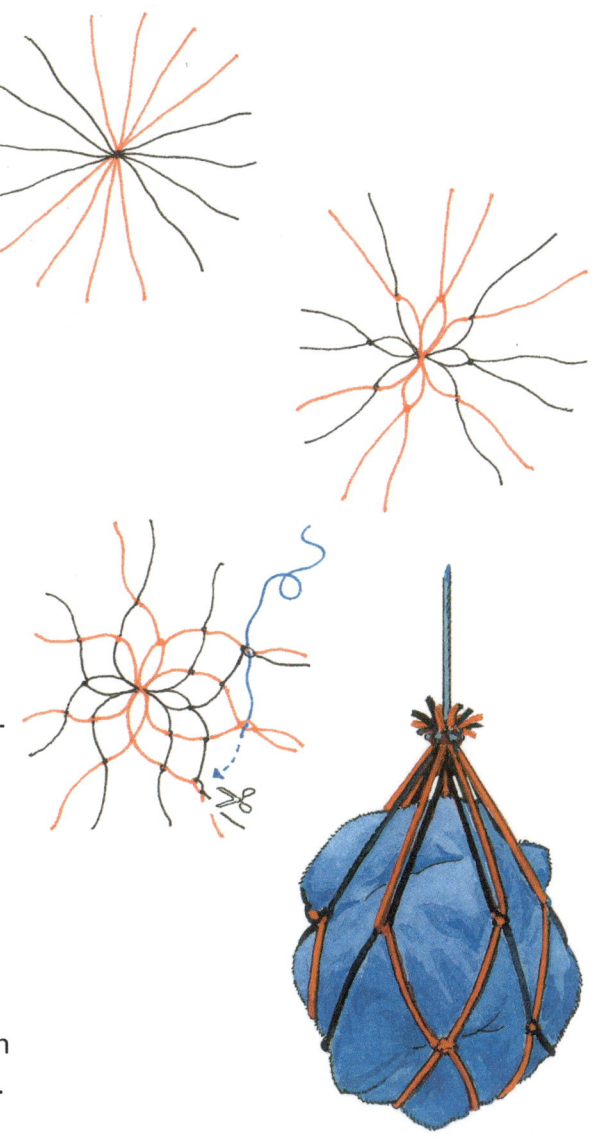

Ein Floß bauen

An einem warmen Sommertag als Pirat mit einem eigenen Floß auf dem Wasser unterwegs zu sein, wäre das nicht toll? Flöße werden eigentlich aus Baumstämmen gebaut, die nebeneinanderliegen und mit Seilen verbunden werden. Mit einem Ruder steuert man sie in der Strömung.

Einfacher zu beschaffen und leichter zu verbauen sind aber Kunststofffässer als Auftriebskörper, Rundhölzer für die Grundkonstruktion, ein paar Bretter für das „Deck" und Paddel für Antrieb und Steuerung.

Doch wie viele Fässer braucht ihr und wie groß müssen sie sein, damit euer Floß mitsamt der Mannschaft nicht untergeht? Rechnet so:
Inhalt eines Fasses in Litern (= l) minus Eigengewicht = Tragfähigkeit in kg.
Beispiel: Ein leeres 100-l- Fass wiegt etwa 5 kg, kann also 95 kg tragen.

Tipp: Kunststofffässer oder Kanister gibt´s dort, wo man Industrieverpackungen kaufen kann. Es gibt sie in ganz verschiedenen Größen.

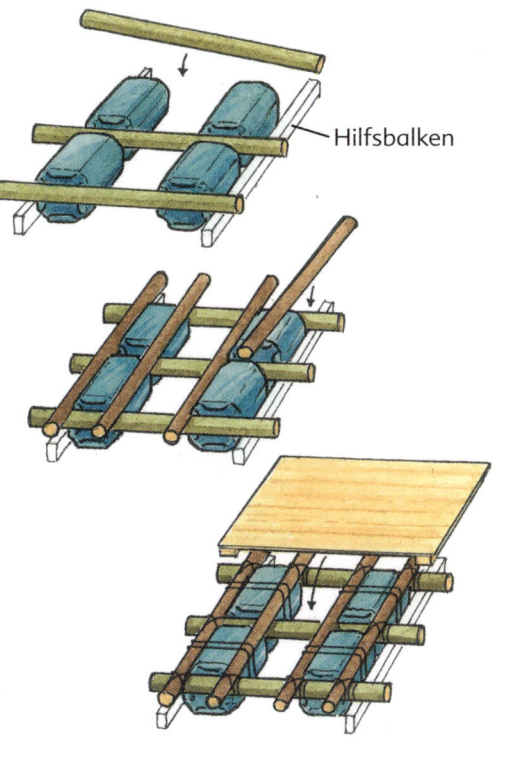

Hilfsbalken

Das Floß zusammenbauen

1. Bringt die Fässer im Rechteck in Position.
2. Legt die Querhölzer jeweils vor, zwischen und hinter die Fässer auf Hilfsbalken.
3. Befestigt die Längshölzer mit Seilen auf den Querhölzern, und zwar möglichst so, dass sie auf den Fässern liegen. Zum Verbinden verwendet ihr den Kreuzbund (Seite 45).
4. Die Fässer zurrt ihr in ihren Fächern jeweils mit einem Extraseil an beiden Längshölzern fest.
5. Wenn ihr wollt, deckt ihr die Konstruktion mit Brettern ab.
6. Hilfsbalken entfernen — fertig!

Der Stapellauf

Um auszuprobieren, ob das Floß tatsächlich schwimmt und alle Verbindungen halten, solltet ihr es im flachen Uferbereich testen. Belastet euer Floß probeweise mit mehr Personen, als später als Mannschaft vorgesehen sind. Ob ihr wohl trocken bleibt? Wichtig: Schwimmwesten tragen nicht vergessen!

Tipp: Mit Korken statt Fässern und Holzspießen statt Rundhölzern könnt ihr euch ein Modell eures großen Floßprojektes bauen und dann schwimmen lassen.

Die Seilbrücke

Seilbrücken sind Brücken, die nur aus Seilen bestehen. Sie können über reißende Flüsse und tiefe Schluchten führen oder zwei Baumhäuser miteinander verbinden. Zur Übung baut ihr eure Brücke am besten erst einmal in Kniehöhe über festem Grund auf. Das Halteseil verläuft etwa in Schulterhöhe darüber.

Die einfachste Form einer Seilbrücke besteht aus einem Tragseil und einem Halteseil, die mit Abstand übereinander an je einem Baum rechts und links des Hindernisses, das überbrückt wird, befestigt werden. Beide Seile müssen straff gespannt sein. Für eine Seilbrücke verwendet ihr Statikseile mit einem Durchmesser von 12 bis 16 mm.

Immer wenn Bäume als Verankerung benutzt werden, müsst ihr sie mit einer Polsterung, zum Beispiel mit einer Decke, schützen. Die Bäume sollten in der Höhe des Halteseils mindestens 30 cm dick sein. Am Ufer von Gewässern müsst ihr besonders darauf achten, dass die Bäume fest verwurzelt und nicht unterspült sind.

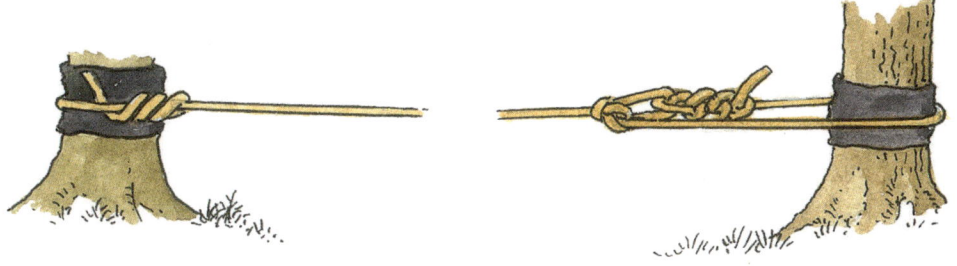

Die Trag- und Halteseile der Seilbrücke befestigt ihr auf der einen Seite jeweils mit einem Zimmermannsknoten an einem dicken, standfesten Baum (Seite 20). Auf der anderen Seite müssen beide Seile ordentlich gespannt werden, damit sie nicht zu sehr durchhängen, wenn ihr euch daraufstellt bzw. euch daran festhaltet.

Zum Spannen braucht ihr einen Schmetterlingsknoten (Seite 21) im Seil. Wichtig: Nicht zu dicht am Baum knüpfen, sonst könnt ihr das Seil nicht mehr richtig spannen!

Führt das Seilende jeweils einmal um den Baum herum und anschließend durch die Schlaufe des Schmetterlingsknotens. Dann spannt ihr das Seil, indem ihr kräftig am Seilende in Richtung Baum zieht. Haltet das Seil dicht am Knoten fest und befestigt das Seilende mit mindestens drei halben Schlägen (Seite 18), die alle in die gleiche Richtung zeigen.

Wichtig: Vorsichtig die Stabilität der Seilbrücke testen!

Die Leonardo-Brücke

Die Leonardo-Brücke ist eine geniale Brücke, weil sie sich selbst trägt. Es werden keine Seile oder andere Verbindungsmittel benötigt. Die Brückenkonstruktion funktioniert allein durch Reibung. Je rauer also die verbauten Hölzer sind, umso besser hält die Brücke zusammen, die nach Leonardo da Vinci, dem berühmten italienischen Erfinder, benannt ist.

Tipp: Um das Prinzip zu verstehen, baut doch erst einmal ein Modell aus langen Buntstiften. Weil die nicht so rau wie Äste sind, braucht ihr noch ein paar Gummibänder zur Befestigung.

Für eine kleine Brücke braucht ihr:
▶ 15 stabile Hölzer, Länge: jeweils 1 bis 1,5 m
▶ mindestens 2 Baumeister, die gleichzeitig rechts und links an der Brücke bauen

Und so geht's:

1. Ein H auslegen.

2. Je zwei Hölzer rechts und links über die Mitte legen.

3. Zwei Hölzer quer legen.

4. Das H hochheben und die Querhölzer hochschieben.

5. Dann wieder vier Hölzer längs anlegen.

6. Dann wieder zwei Hölzer quer anlegen.

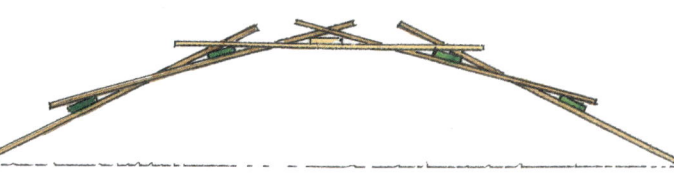

7. Nun die Enden der vorigen Längshölzer anheben und die Querhölzer hochschieben.

Tipp: Achtet immer darauf, dass der Überstand der Hölzer groß genug ist, damit die Querhölzer nicht wegrutschen.

Eine Wasserbahn

Was haltet ihr von einer Wasserbahn? Am Anfang steht zum Beispiel ein großer Trichter, der das Regenwasser oder das Wasser aus eurer Gießkanne auffängt. Durch Röhren und Rinnen, durch Gefäße mit Überlauf und vielleicht auch über ein Wasserrad wird das Wasser bis in ein Auffangbecken geleitet. Hier seht ihr verschiedene Elemente, die ihr in eure Wasserbahn einbauen könnt.

Der Trichter

Als Trichterersatz könnt ihr eine quadratische Folie nehmen. Spannt sie an den vier Ecken im Baum auf. In der Mitte soll sie etwas durchhängen. Dort schneidet ihr ein kleines Loch in die Folie. Ein Eimer mit Loch im Boden funktioniert auch gut.

Die Wasserbahn-Strickleiter

Eine Konstruktion aus drei Seilen und mehreren Rinnen ist eine besondere Herausforderung. Die Sprossen der Leiter müssen schräg angebracht werden.

Rinnen und Röhren

Bambusrohre eignen sich besonders gut als Rinnen oder Röhren. Ihr könnt aber auch mit Holunderästen experimentieren. Die sind innen hohl und lassen sich leicht in passende Abschnitte schneiden.

Das Wasserrad

Schneidet aus einem großen Plastik-Joghurtbecher sechs Schaufeln. In einen Korken schlitzt ihr entsprechend viele Schlitze und schiebt die Schaufeln hinein. Durch die Mitte des Korkens bohrt ihr einen Holzspieß als Achse und klebt ihn fest. Die Achse legt ihr auf zwei Astgabeln ab, und zwar so, dass der Wasserstrahl das Rad dreht.

Die Stützen

Als Stützen eignen sich Zweibeine, Astgabeln oder kleine Leitern, die ihr in den Boden rammt. Achtet auf das richtige Gefälle der Rinnen!

Autsch! Erste Hilfe bei Unfällen

Denkt vor allen Arbeiten daran, dass ihr einen **Tetanusschutz** braucht!

Splitter
Wenn ein kleiner Splitter in der Haut sitzt, aber noch herausguckt, packt ihr ihn mit einer Pinzette und zieht ihn in die Richtung, aus der er gekommen ist. Könnt ihr den Splitter nicht greifen, entfernt ihr ihn mit einer desinfizierten Nadel. Auch die Einstichstelle desinfizieren! Größere und tief sitzende Fremdkörper von einem Arzt entfernen lassen!

Schnittverletzungen
Eine kleine Schnittverletzung desinfiziert ihr, bevor ihr die glatten Ränder mit einem Pflaster einfach wieder zusammenklebt. Tiefe, lange oder stark blutende Schnittwunden sowie Platzwunden lasst ihr besser vom Arzt versorgen.

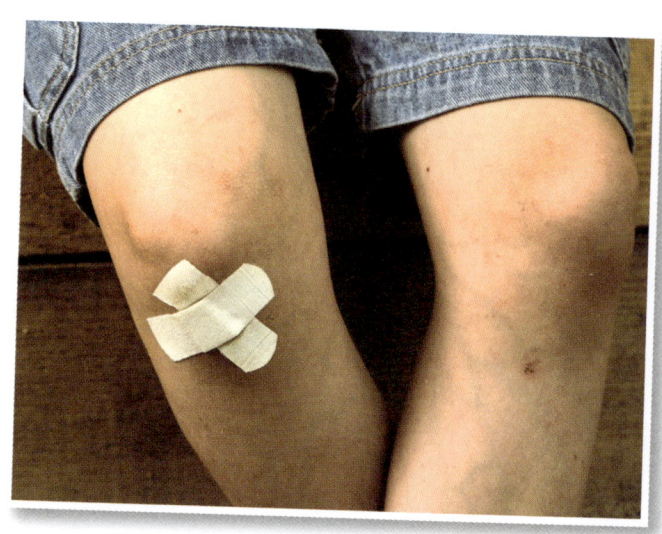

Seil-Verbrennungen
Bei großer Reibung entsteht Wärme, zum Beispiel beim Abrutschen vom Seil. Dabei kann es zu leichten Verbrennungen kommen. Dann heißt es: kühlen! Haltet die betroffenen Stellen 10 bis 15 Minuten unter kühles fließendes Wasser. Ist eine größere Körperfläche betroffen und sollten sich Blasen bilden, besser zum Arzt!

Blasen

Blasen drücken und tun weh, aber stecht sie bitte nicht auf, sondern klebt ein gepolstertes Gel-Pflaster auf die Blase. Ist die Blase geplatzt, deckt die Wunde mit einem Pflaster ab, sodass sie vor Schmutz geschützt ist.

Blaue Flecken

Das beste Mittel gegen Schmerzen, Schwellungen und Blutergüsse ist Kälte. Aber denkt daran, Eis zum Kühlen oder tiefgefrorene Kältekompressen aus dem Kühlfach nie direkt auf die Haut zu legen, sondern sie immer mit einem Tuch zu umwickeln, da sonst Erfrierungen drohen.

Beule am Kopf

Hat einer aus dem Team etwas an den Kopf bekommen, drückt schnell etwas Kaltes auf die Stelle. Fühlt er sich benommen und schwindelig? Ist er blass, hat Kopfschmerzen, ist ihm schlecht? Dann könnte es eine Gehirnerschütterung sein. Geht sofort mit ihm zum Arzt!

Fotonachweis

Titel: www.fotolia.de/grafikplusfoto (Kinder), www.fotolia.de/Claudia Paulussen (Floß), www.fotolia.de/AK-DigiArt (Knoten), www.shutterstock.com/Evgeny Bakharev, (Zaun)
Buchrückseite: www.fotolia.de/Aetheria (Indianer-Tipi), picture-alliance/Ton Koene (Floß)
Vorsatzpapier: www.shutterstock.com/In Green
Seite 5: Karl Dittrich, Unna
Seite 6: Karl Dittrich, Unna
Seite 8: Karl Dittrich, Unna
Seite 9: Susanne Tommes
Seite 12: www.fotolia.de/msk.nina, www.fotolia.de/dule964
Seite 15: www.fotolia.de/Markus Bormann
Seite 16: www.shutterstock.com/Seregam (oben), www.shutterstock.com/Rafa Irusta (unten)
Seite 22: Karl Dittrich, Unna
Seite 26: Susanne Tommes

Seite 30: www.shutterstock.com/Nadiia Gerbish (oben), www.istockphoto.de/sa_g (unten)
Seite 31: www.fotolia.de/petejeff (oben), Karl Dittrich, Unna (unten)
Seite 33: www.shutterstock.com/Petrenko Andriy
Seite 34: www.shutterstock.com/In Green
Seite 37: Karl Dittrich, Unna
Seite 39: Susanne Tommes
Seite 43: www.fotolia.de/Aetheria
Seite 47: www.fotolia.de/f/2.8 by ARC
Seite 50: picture-alliance/Ton Koene
Seite 52: picture-alliance/Lou Avers
Seite 54: www.fotolia.de/Foto-Ruhrgebiet
Seite 58: www.shutterstock.com/Chepko Danil Vitalevich
Seite 59: picture-alliance/Image Source
Seite 60: Karl Dittrich, Unna

Noch mehr für Abenteurer

ISBN 978-3-649-61574-3

ISBN 978-3-649-66805-3

ISBN 978-3-649-66833-6

ISBN 978-3-649-62146-1

ISBN 978-3-649-62173-7

ISBN 978-3-649-62072-3

ISBN 978-3-649-66806-0

ISBN 978-3-649-66883-1

ISBN 978-3-649-61932-1

Überall im Handel erhältlich und unter www.coppenrath.de!

Mein starker Bautrupp

Hier bitte
ein Foto
einkleben!

Zu meinem Bautrupp gehören:

_____

_____

_____